AF278586

# A MM. LES MEMBRES

## COMPOSANT

# L'ASSEMBLÉE NATIONALE

## de la République Française

Projet présenté par M. GAUDET

**Propriétaire, rue Neuve-des-Boulets, 26**

POUR COMPENSER LA LOI DU 21 AVRIL 1871

SUR LES LOYERS

ET CONJURER L'AVILISSEMENT DE LA PROPRIÉTÉ FONCIÈRE,

CE QUI SERAIT LA RUINE DE TOUS.

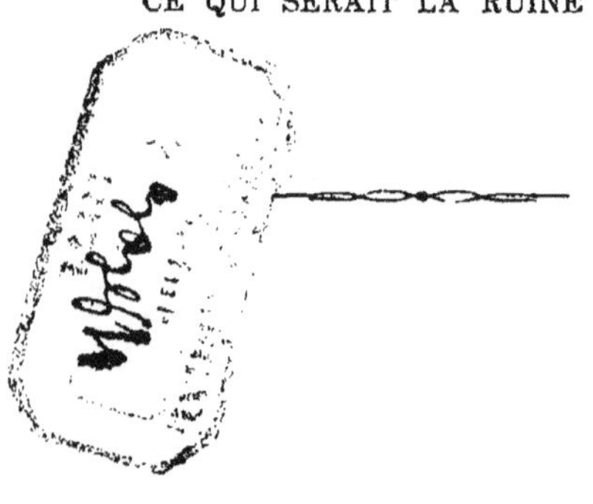

## PARIS

IMPRIMERIE TYPOGRAPHIQUE NOIZETTE, JEANRASSE ET C⁰

Faubourg Saint-Antoine, 159

—

JUILLET 1871

*Paris, le 5 Juillet 1871*

# A MM. LES MEMBRES

COMPOSANT

# L'ASSEMBLÉE NATIONALE

## de la République Française

---

### MESSIEURS,

Une grande partie des propriétés parisiennes se trouve grevée d'emprunts faits, soit à des institutions publiques de crédit, soit à des particuliers.

Ces emprunts imposent aux propriétaires un service d'intérêt variant de 5 à 9 1/2 p. %.

Les loyers des maisons servent naturellement à faire face au service de ces intérêts.

Durant le siége et l'insurrection, les loyers n'étant pas acquittés, les intérêts sont naturellement restés impayés.

Et aujourd'hui leur accumulation représente une somme considérable.

La loi du 21 avril, en tranchant la question des loyers en faveur des locataires, laisse les propriétaires en présence d'un déficit.

Ce déficit représente une somme immédiatement exigible à laquelle la plupart sont hors d'état de satisfaire.

Déjà les poursuites commencent, à bientôt les ventes.

Et comme les acquéreurs font défaut, que les transactions sont à peu près interrompues, un désastre immense se prépare.

La propriété, déjà atteinte par la loi sur les loyers, est menacée d'un avilissement complet.

La ruine de tous sera consommée, car les nombreuses réalisations d'immeubles opérées à des prix excessivement bas n'auront pas seulement pour conséquence la ruine des propriétaires débiteurs.

Elles auront aussi pour effet une baisse générale des immeubles.

La déconsidération de la propriété éloignera les capitaux, sans capitaux pas de constructions, pas de travaux dans l'avenir.

Et que deviendra alors Paris, où suivant un axiome vulgaire admis de tous : « *Quand les travaux de bâtiment marchent, c'est que tout marche.* »

Dans cette situation, les soussignés, tous propriétaires à Paris, ont pris la liberté d'appeler votre attention sur cette question si grave et vous soumettent les mesures qui suivant eux pourraient conjurer le mal, si elles étaient appliquées sans retard.

Tout d'abord, nous ne pensons pas qu'il faille faire de réductions d'intérêts.

Tout contrat, suivant nous, doit être respecté.

Nous réclamons seulement des facilités qui permettent la libération des débiteurs sans porter atteinte aux droits du créancier.

Les mesures à prendre nous paraissent fort simples.

Elles varient d'ailleurs suivant la nature des créances.

Les prêts hypothécaires peuvent en effet se diviser en trois catégories :

1° Prêts à long terme dûs au Crédit foncier (annuité, 6 p. %);

2° Ouvertures de crédit consenties par le Sous-comptoir de garantie près le Crédit foncier de France (intérêts, prime et frais divers, 9 1/2 p. %);

3° Prêts dûs à des particuliers (5 p. %).

Pour tous ces prêts, sans exception, notre proposition consisterait à capitaliser une année d'intérêts.

L'année pendant laquelle nous avons été tous plus ou moins privés des loyers que nous devions employer au paiement de ces intérêts.

Aucune réduction ne serait faite.

Le créancier ne subirait aucune perte.

Un simple atermoiement serait accordé au débiteur, afin qu'il lui fût possible de se libérer à terme.

Le créancier aurait d'ailleurs toute garantie.

Car il n'est pas supposable que le créancier ayant garantie pour un capital de 100,000 fr. puisse être exposé par une augmentation de dette d'une année, soit 5,000 francs.

L'immeuble qui garantissait le paiement de 5,000 francs garantira de même le remboursement de 105,000 francs.

La prévision de la loi suppose même pour tout prêt hypothécaire, une garantie d'une somme plus élevée, puisque les intérêts conservés par la loi au même rang que le capital comprennent deux années et l'année courante, soit près de trois ans.

Le principe que nous soutenons est donc parfaitement honnête et pratique, car il soulage le débiteur sans léser en rien les droits du créancier.

Reste à fixer le délai et le mode de libération.


Ici la question varie suivant la nature du prêt.

Pour les prêts *dûs à des particuliers*, nous pensons que la somme devrait être divisée en huit payements trimestriels exigibles les 20 janvier, avril, juillet et octobre, soit cinq jours après le paiement de chaque terme de loyer.

Ce serait donc un délai moyen d'une année (huit paiements en deux ans), que l'on demanderait seulement aux créanciers.

Ce délai, suffisant pour les débiteurs, doit être admis par les créanciers, nous allons le prouver.

Au point de vue des débiteurs le raisonnement est simple.

Prenons pour base un prêt de 100,000 francs.

La somme à 5 p. % sera de 5,000 francs.

Il est rare qu'un prêt excède la moitié de la valeur de l'immeuble, un prêt de 100,000 fr. porte donc d'ordinaire sur un immeuble d'une valeur de 200,000 francs.

Le produit net ordinaire des immeubles est de 6 p. %.

Une maison de 200,000 francs rapporte donc 12,000 francs, soit pour deux ans, 24,000 francs.

Le propriétaire débiteur aura donc à payer pour les deux années.

Arriéré. . . . . . . . .    5,000 francs.

Intérêts courants. . . .   10,000 francs.

—————————

  15,000 francs.

—————————

Il en touchera 24,000 francs. — Il pourra suffire, même en supposant pour l'année prochaine une baisse de loyer et des non-valeurs.

Remarquons que nous avons de plus à tenir compte des loyers qu'il a pu encaisser sur les termes arriérés.

L'engagement peut donc être tenu par le débiteur.

Quant au créancier, en supposant qu'il ne soit pas obligé d'acquérir l'immeuble pour sauver sa créance, il est certain que pour réaliser son gage et en toucher le produit il lui faudra attendre

.au moins une année, les formalités de vente, puis de distribution du prix entre les créanciers, exigeant un temps fort long.

Nous pensons donc que sur ce point la mesure proposée par nous satisfait à tous les intérêts légitimes.

Nous n'avons pas besoin de dire que, comme conséquence naturelle, *les prêts dont l'échéance en capital n'aurait pas deux ans, devraient être prorogés d'une durée égale.*

Dans le cas où le prêt est dû, soit au Crédit foncier de France, soit à son administration annexe, le Sous-Comptoir des entrepreneurs, la mesure à prendre est un peu différente.

Comme vous le savez, Messieurs, le Crédit foncier de France prête à long terme sur immeubles de produit. L'annuité (amortissement compris) est de 6 p. % environ.

Quant au Sous-Comptoir des entrepreneurs, il fait aux propriétaires constructeurs des ouvertures de crédit dont la durée est en général de trois à cinq ans.

Le mécanisme de ces ouvertures de crédit est fort simple.

Le crédité souscrit un billet à trois mois, ce billet est passé par le Sous-Comptoir au Crédit foncier qui verse les fonds, et s'il y a lieu les prend à la Banque, car le billet réunit alors trois signatures.

Ces billets se renouvellent tous les trois mois.

Le taux d'intérêt est de 3 % en sus de la Banque, ces 3 % se répartissent :

   2 p. % commission du Sous-Comptoir.

   1 p. % commission du Crédit foncier.

L'intérêt dû à la Banque étant de 6 p. %. le taux actuel des avances du Sous-Comptoir est donc de 9 p. % à quoi il faut ajouter 1/2 p. % pour timbres et faux frais, soit 9 1/2 p. % au total.

Telle est la situation 6 p. % à payer au Crédit foncier pour ses prêts, 9 1/2 p. % à payer au Sous-Comptoir pour ses ouvertures de crédit.

On comprend que cette situation tout à fait spéciale, commande des moyens de salut spéciaux.

Occupons-nous d'abord des débiteurs du Crédit foncier.

Ici la solution est tellement simple que l'on est vraiment surpris qu'elle n'ait pas déjà été proposée.

Remarquons tout d'abord que le Crédit foncier n'est qu'un intermédiaire. S'il prête 100.000 francs, c'est au moyen de la création de 100.000 francs d'obligations au porteur qu'il place aux capitalistes.

Ces obligations rapportent un intérêt fixe que le Crédit foncier se charge d'encaisser des emprunteurs et de verser au porteur des obligations.

De plus, elles s'amortissent au moyen d'un versement annuel qui explique le montant de la différence entre le taux d'intérêt légal 5 p. % et les 6 p. % annuellement payés par les emprunteurs.

Ce que le Crédit foncier touche des emprunteurs d'une main, il le remet de l'autre main aux bailleurs de fonds souscripteurs d'obligations.

Il faut que lui-même tienne ses engagements, sinon l'institution est ruinée.

Il faut donc que les fonds nécessaires lui soient procurés pour servir les intérêts dûs à ses obligataires et que les emprunteurs d'après notre système ne lui paieraient pas pendant un an.

Le moyen est simple:

On capitalisera une année d'intérêts pour en faire une addition au prêt, cette addition sera de 6 p. % seulement, puisque 6 p. % seulement sont dûs.

Le Crédit foncier ne sera pas atteint dans ses garanties par une si faible augmentation de son prêt originaire, sa situation sera intacte.

Par suite de cette augmentation de prêt une somme correspondante d'obligations sera créee par le Crédit foncier.

Ces obligations seront négociées et les fonds serviront à payer les intérêts dûs aux obligataires souscripteurs du prêt primitif.

Ainsi aucune situation ne sera lésée, et quant au débiteur, il se libérera sans peine, car il n'aura à servir qu'une légère augmentation du chiffre de l'annuité qu'il payait originairement.

Pour un prêt de 100.000 francs, par exemple, il doit 6.000 fr. correspondant à une année d'intérêt.

En remboursant cette somme sur les mêmes bases que le prêt originaire, il aura à payer 6 p. % par an pour annuler le prêt complémentaire de 6000 francs, soit 360 francs par an seulement.

Ce sera un accroissement de charges insignifiant.

Nous pensons donc que le Crédit foncier ne saurait refuser de se prêter à une combinaison aussi simple.

*Il pourrait même frapper ces obligations supplémentaires d'un intérêt plus élevé, ou faire payer aux emprunteurs des frais de négociation plus coûteux afin de faciliter l'écoulement sur le marché de ces nouvelles valeurs. Les emprunteurs ne pourraient que les remercier de les avoir sauvés.*

J'arrive maintenant au Sous-Comptoir de garantie près le Crédit foncier dit *Sous-Comptoir des Entrepreneurs.*

Comme je l'ai dit, il s'agit d'une administration annexe du Crédit foncier.

C'est ici que la question est pour ainsi dire vitale pour l'industrie du bâtiment.

De la solution prompte et intelligente de cette question dépend en grande partie l'avenir de l'industrie du bâtiment à Paris.

Les immeubles grevés au Sous-Comptoir sont de deux natures :

Les uns sont achevés, les autres sont en cours de construction.

Occupons-nous d'abord des premiers, des immeubles achevés.

Pour ceux-ci la solution de la question est encore très-facile.

Le Sous-Comptoir perçoit 9 1/2 p. % sur l'importance de ces prêts pour l'intérêt annuel sans amortissement de capital.

Le Crédit foncier ne fait payer que 6 p. % (amortissement compris).

La transformation des prêts faits par le Sous-Comptoir en prêts fonciers déchargera du premier coup les accrédités de 3 p. %.

En faisant cette transformation, que le Crédit foncier consente à élever le prix du montant des intérêts arriérés dûs au Sous-Comptoir, pourvu qu'ils n'excèdent pas l'année dont nous proposons la capitalisation.

Et voilà, par cette combinaison si simple, des centaines de propriétaires qui se trouvent dégagés.

Quelle objection peut-on faire ?

Le Crédit foncier, dira-t-on, prête en papier, en obligations ;

Le Sous-Comptoir, lui, prête en numéraire, il veut être remboursé en numéraire et non en papier.

Mais examinons un peu quel est le mécanisme des prêts du Sous-Comptoir ?

Chaque accrédité, cinq jours avant de recevoir l'argent qu'il demande au Sous-Comptoir, souscrit un effet.

Cet effet, le Sous-Comptoir le passe au Crédit foncier.

Le Crédit foncier verse les fonds.

Toutes ces opérations se produisent dans l'intervalle de cinq jours.

Et quand l'accrédité vient chercher son argent, le Sous-Comptoir ne lui remet pas ses fonds, mais bien ceux de la Caisse du Crédit foncier.

Le Crédit foncier est donc actuellement porteur des effets des accrédités du Sous-Comptoir.

L'avance de numéraire est déjà faite par lui.

Si donc il fait un prêt à long terme à cet accrédité, il n'a qu'à remplacer les billets qui se trouvent dans sa caisse par les obligations que la loi lui accorde la faculté d'émettre en vertu du prêt qu'il vient de consentir.

Papier contre papier, obligations à la place des billets.

Il est vrai qu'il cessera de gagner 1 p. %, et n'aura que ses frais d'administration, 0,50 centimes p. %.

Il est vrai aussi que le Sous-Comptoir n'aura plus ses 2 p. %.

Tout cela est très-vrai; mais le Crédit foncier créé pour dégrever la propriété, doit-il dans un intérêt personnel achever sa ruine?

Quant à nous, nous sommes sûrs que les honorables administrateurs de ces deux institutions seront les premiers à repousser une pareille pensée.

Alors quelle objection peut-on faire?

Dira-t-on que les billets ne sont pas dans la caisse du Crédit foncier? Que lui-même les a passés à la Banque.

Que pour les retirer de la Banque, il faudrait des espèces et non des obligations foncières, du papier.

Que ces obligations sont aujourd'hui impossibles à écouler et que notre combinaison est ainsi rendue impossible.

Cette objection ne saurait nous toucher.

La Banque peut et doit être tenue d'accepter provisoirement ces obligations comme numéraire.

D'ici à peu, les choses rentrant dans leur état normal, le placement des obligations se fera comme par le passé et la propriété aura été sauvée.

Ajoutons en terminant que dans chaque prêt fait par le Sous-Comptoir, obligation est imposée à l'accrédité de faire un emprunt au Crédit foncier pour rembourser le prêt fait au Sous-Comptoir.

Le Sous-Comptoir ne prend pas l'engagement formel de le faire obtenir, nous le reconnaissons, mais peut-il exister en ce sens un contrat qui ne soit réciproque.

Et comment supposer que le Sous-Comptoir en exigeant cette obligation des accrédités ne dût par lui-même s'engager de lui en fournir les moyens ?

Surtout lorsque l'on sait que le Sous-Comptoir n'est rien par lui-même, qu'il n'est que la succursale, le correspondant du Crédit foncier

Nous pensons donc que sur ce point notre projet de transformation rentre dans le contrat même fait avec le Sous-Comptoir et qu'il doit être immédiatement mis à exécution.

Quant aux immeubles en cours de construction, le Crédit foncier ne peut consentir à une transformation de prêt contraire à ses statuts.

Mais nous pensons que d'accord avec le Sous-Comptoir, il doit accepter la même capitalisation d'intérêts que celle demandée par nous pour les prêts faits par des particuliers.

Sinon, qu'arrivera-t-il?

Les intérêts considérables qui sont dûs seront prélevés sur les sommes à verser aux accrédités.

Ces derniers, privés des ressources sur lesquelles ils comptaient pour achever leurs immeubles, seront hors d'état de les finir.

Le moment viendra bientôt où force sera au Sous-Comptoir d'en poursuivre la vente.

Et chacun sait que la réalisation d'immeubles inachevés se fait souvent et se fera spécialement dans les circonstances actuelles à des conditions désastreuses.

Une multitude d'honnêtes gens seront ruinés au profit de quelques spéculateurs éhontés.

Et ce sera pour la propriété une nouvelle cause d'avilissement.

Nous ajouterons que, suivant nous, il serait peut-être utile que pendant un certain temps le taux de commission du Crédit foncier et du Sous-Comptoir fût réduit afin d'alléger la situation. Nous indiquons ce point sans y insister.

En résumé, il est juste, il est de toute équité que les propriétaires atteints par la loi 21 avril sur les loyers, qui se trouvent privés des fruits de leur immeuble pendant une période de temps plus ou moins longue, soient mis à même de faire face aux intérêts que la suppression de leurs loyers les met pour le moment hors d'état d'acquitter.

Il est juste, d'autre part, que les droits des créanciers hypothécaires soient sauvegardés, car ils sont aussi sacrés que ceux du débiteur.

Pour sauver les uns sans ruiner les autres nous avons établi qu'il suffisait en principe d'accorder terme et délai au débiteur pour une année d'intérêts.

Il fallait fixer un terme assez long pour que le débiteur puisse se libérer sans difficulté, nous avons prouvé qu'une année suffit en moyenne (deux ans en huit paiements).

D'autre part il fallait le faire assez court pour que le créancier ne fût obligé de subir un délai plus long que celui qui lui serait nécessaire pour recouvrer ses fonds au moyen de poursuites judiciaires.

C'est ainsi que nous nous sommes arrêtés au délai d'une année en moyenne, temps nécessaire au créancier en cas de vente forcée de l'immeuble pour qu'il puisse encaisser son argent, de telle sorte qu'en acceptant ce retard de paiement à l'amiable il serait payé aussi vite qu'en poursuivant.

Enfin, arrivant aux prêts faits par le Crédit foncier de France et par son annexe, le Sous-Comptoir des entrepreneurs, prêts consentis l'un 6 p. % l'an, l'autre à 9 1/2 p. %.

Nous avons établi que ces institutions publiques avaient, suivant nous, des moyens fort simples de contribuer à sauver la propriété parisienne.

Que pour le Crédit foncier il suffisait d'augmenter le prêt du montant d'une année d'intérêts capitalisés, remboursable au moyen d'un accroissement insignifiant de l'annuité mise primitivement à la charge du débiteur.

Que ce qui regarde le Sous-Comptoir, il était facile de transformer ses ouvertures de crédit en prêts fonciers à long terme, que par ce fait on dégréverait les accrédités et on les sauverait, car ils sont hors d'état de payer longtemps 9 1/2 p. % d'intérêt. Que dans cette transformation on liquiderait le passé en augmentant le montant du prêt d'une somme égale à l'année d'intérêts arriérés dûs au Sous-Comptoir, qu'ainsi par cette combinaison on assurait à la fois le salut des débiteurs dans le présent et dans l'avenir.

Nous avons répondu par ces derniers points à toutes les objections qui pouvaient être faites.

Nous ajouterons en terminant, quelque soit la décision que vous daignez prendre en ce qui concerne les prêts privés, en supposant même que vous renonciez à intervenir dans le règlement des contrats de cette nature, vous avez le droit indiscutable d'imposer votre volonté au Crédit foncier, à un établissement auquel des priviléges consilérables ont été accordés.

Que ces priviléges créent pour lui des obligations qu'il doit remplir.

Que son annexe, le Sous-Comptoir, se trouve dans la même condition.

Et que la demande si juste, si modérée qui vous est soumise nous parait devoir recevoir pleine et entière satisfaction.

Nous nous permettons, Messieurs, d'appeler sur notre pétition votre bienveillante attention.

Bien convaincus que des mesures que nous vous proposons dépend le salut de la propriété parisienne.

Car il est facile de sentir qu'il y a solidarité complète entre les propriétés grevées et non grevées.

La vente à vil prix et en masse des propriétés hypothéquées devant entraîner à une baisse correspondante de la valeur des propriétés voisines non grevées.

C'est donc bien la propriété parisienne tout entière qu'il s'agit de sauver d'un désastre.

Dans l'attente, Messieurs, qu'un accueil favorable sera fait à cette pétition, qu'elle sera prise en considération,

Recevez l'assurance de nos dévouements patriotiques.

GAUDET,

Propriétaire, *rue Neuve-des-Boulets, 26*